수박이 대박을 다 낳았어

수박이 대박을 다 낳았어

김옥녀 시집

月刊文學 출판부

| 自序 |

나의 시와 나의 생각

　이밥에 남길만 한 글을 쓰겠다고 마음먹거든 한 번 써보자.
　한 편을 못 쓰거든 한 줄이라도 건져서 밝은 아침밥 먹고 인간시장 골목에 가서 손님을 기다리고 있는 뻥튀기 튀기는 기계에다 한 줄을 넣고 튀기자. 그러면 열줄이 나올 것이다. 그러면 다시 열줄을 넣고 다시한번 튀겨보자. 그러면 30줄이 나올 것이다. 이것을 삼다리 소반에 펼쳐놓고 골라보자. 눈이 시원찮아 잘 못 고르거든 햇빛더러 고르라고 해 대문 밖 포플러 나무 위에서 짖어쌓는 저것들 일하고 싶어하는 그만 까치들 보고 고르라고 해. 아니면 오늘밤 떠오를 거야. 달더러 고르라고 해고르기 시작하면 무엇이든 달려들어서 골라 줄거야. 이렇게 믿고 있기에 나는 남길만한 시를 쓸 것이다.
　8월과 9월은 고추잠자리가 유난히 많은 계절이다.

내가 자란 집 마당과 마을은 고추잠자리의 고향이라고 해도 좋다.

세상이 급변하니 고추잠자리도 다른 헤어스타일로 나올 법한데,

내 어릴 때나 지금이나 다름없이 고추잠자리는 그 날개와 그 색깔로 세상만 넘나들며 나에게 푸성귀만도 못한 시 왜 쓰느냐고 질문한다.

그래서 고추잠자리 헤어스타일을 바꿔보기 위해 다시 시를 쓰기로 했다.

2022년 6월
김옥녀

차례

시인의 말　004

1

배산 연못　010
떡잎　012
나는 오늘 3월　014
숲에 불붙이며　016
빠지면 이런 말이 쉽게 나와　018
파랑새　021
디카시　022
무당벌레의 핑계　026
연꽃 피니　028
한 잔의 차　029
설록차　030
백두산 천지를 찾아·1　031
백두산 천지를 찾아·2　033
살맛　034

2

메콩강　036
황해 가운데에서　037
앙코르와트 사원　038

캄보디아 톤레샵 호수 039
예당호 출렁다리·1 040
예당호 출렁다리·2 042
택배 043
짝사랑이 준 꽃바구니 044
짚의 주인 046
화살표를 따라 048
가장 쉬운 일 050

3

코로나19·1 052
코로나19·2 053
달맞이 꽃 054
두엄자리 056
좁은 길로 가야 하나? 058
어매 061
수박이 대박을 다 낳았어 062
향을 음미하다 목에 걸려 072

4

찔레꽃 074
파랑가시 피나무 075
눈을 들고서 076
익산 단오제 078
귀신 작정 080
폭소 081
풍장소리 082
까치 애肝腸도 나와 같이 붉다 084
미투의 미학 086
불평 087
숯, 골인 088
천사의 나팔꽃을 받으며 090

5

푸름의 반응 094
아리송 096
병상 일지 098

| 작품해설 |

시에는 무딘 눈을 번쩍 뜨게 하는 힘이 있다 · 김호운   109

1

배산 연못

산책길에 자주 찾던 배산 연못
내 생각이 흔들리지 않게 잡으라네
혼수감으로 어머니가 밤낮으로 바랜 광목 한 필 잡듯
물안개 가득한 연못을 꽉 잡아당기고
해를 담은 손 다리미로
사악 사악 문질러주니 비단결처럼 쭉 퍼지는 연못

백두산 연못 같은 파랑 하늘과 흰 구름이 먼저 들고
연못가 나무들은 속눈썹처럼 붙여져
그만 여색에 빨려드는 취한 사내인 듯
같이 동행하는 산 옆구리가
신선이 노닌 정경으로 보인다

물 위로 사뿐히 놓고 간 꽃잎 바람
물고기가 입질하는 걸 보고 저만큼 발을 빼지만
연못의 호위무사는 내 생각을 비틀어
위만 보고 걸었던
눈을 알래로 내리게 점점 내리게

화려한 미래를 펼쳐가던 물밑의 연뿌리는
물이 깊으면 못 나왔고
물이 옅으면 삐죽이 얼굴 내밀던 가엾은 생
머리숙이지 않고
이 평온에 어찌 들겠는가
마구 흔들어대는 부끄러운 연못 속
민망스러운지 미움 같은 것 버리게 아주 버리게

물속에 있어도 목말라하는 저 나무들처럼
이 평온에 들어도 갈증에 허덕이는 마음
미운 생각을 내리겠다고
꼬장꼬장한 자존을 내리겠다고 고백한다.

떡잎

어머니는 아침에
떡잎의 뿌연 먼지를 닦아주며
생각에 기대를 담는다

나무랄데가 없어
책가방도 잘 챙기고
학교 다녀오겠습니다
인사도 잘하니
제 가름 잘하면 세상 사는거야

단내 쏜내를 맡으며
학교 가는 내 등 뒤에서 하시던
그 말씀 생명줄에 묶여서

어머니를 실망시키지 않으려고
조심조심 노를 저으셔서
내 수틀에 놓아주신 어머니의 수
서녘 별이 되어 반짝거린다

젖은 발을 닦으시며
아들의 모자에게도
손자의 국어책에도
별수를 놓으셔서
아침 떡잎은 싱싱하다.

나는 오늘 3월

일찍이 길을 나선 아침은
날씨변동이 잦아도
한 번 먹은 마음 흔들지 못하지요

보세요, 잔설이 엉덩이 붙이고 앉았던 자리에
봄기운이 움틀거리는지, 연거푸 재채기를 하네요
버들강아지 꽃눈 트나 봐요
화독처럼 올라붙는 알레르기 입덧을 하는거지요

청병풍경이 시시각각 다를지라도
두 손 벌리고 만상(萬常)을 깨우는 강둑길로
걸어오는 저 구름 너울 쓴 쑥, 냉이 독새풀
양지쪽에서부터 손을 흔들어대며 오는지라

아직은 응달이 싫은 3월
전신이 시리고 **뻑뻑하여**
방금 부화한 노랑 병아리처럼
봄볕이 엄마인 줄 알고 졸졸 따라다니는데
여기저기서 늦장부린다고

어깨를 툭툭 치는 바람에
귀빠진 오늘 물에서
물고기와 함께 입질해요.

숯에 불붙이며

내가 불붙이려는 이 숯
내 생각의 밑자리에 까만 숯덩어리를 덧붙이고
오랫동안 끙끙거렸다
산속에서 산토끼와 八者로 발 맞추던 숯은
雨期에 습기가 배였나
우울이 찾아와서 실어증에 걸리었나
재티만 뒤집어쓰고
냉과리로 눈물만 철철 흘리고 있다
불이되기 위해 바람구멍을 열어놓고
부채질로 불붙이는 이 세계
무엇을 바라고 까만 숯덩일
더불어 살아가는 동반자라고 여겼을까
불붙이는 데만 매달리고 있는 걸까

방금 씻어 건진 산나물
끓는 물에 넣어
살풋 건져낸 향긋함 먹고
가슴 펴보고 싶은 숯불
별도 따다 한 솥 삼아 아이들에게 주고 싶은 마음

불이 더디게 붙어 사방으로 재티만 날리고
궁상이 기웃거린다
속이고 얼굴이고 탈색되고 말았다

지금 붙이고 있는 불에 붙들렸다 해서
반응 없는 짝사랑을 한다 해서
파고드는 업보와 어깨동무하고 있다 해서
잘 붙지 않는 불이지만
불이되기 위해
한 번 붙이면 오래가는 불이라서
그리 매달리고 있다.

빠지면 이런 말이 쉽게 나와

어디에 있을까
내 속에 있을까
산천에 있을까
어떻게 보면 보이고 어떻게 보면 보이지 않는 너
될 수 있으면 많이 보였으면 나 말고 다른 사람에게도
될 수 있으면 외식하는데서 말고 조촐한 곳에서
가슴들을 흔들어 놓았으면
너 속에다 기대를 심기 위해
조석으로 깎고 다듬고
이 길만이 삶으로 나 앉는 길이라 생각했다
그것은 산들바람을 타고 꽃밭을 찾아온 강나비의 리본에
연분홍 꽃가루가 들어있어 요동을 쳤다
밤마다 별을 꼬챙이로 파며 이슬을 먹고
들꽃의 향을 먹는 개똥벌레의 입술처럼
내 여름밤을 돌다가 바람으로 날리는 허무한.

1
시는 얼음판에 넘어진 나를 일으켜서
길을 걷게 만드는 것

2
삶에 지쳐서 삭신이 욱신거릴 때
두 다리로 도리깨질을 하면
욱신거리는 삭신이 시원하듯
그 시원함이 내가 찾는 시

3
시란 삶의 갈증에 시원한 맥주 한 잔 마시면
온몸의 피로가 해소되어
새 힘이 솟는 샘물 같은 것

4
시는 신진 대사의 원리를 찾아가는
일종의 기다림.

5
태국과 베트남으로 떠났다
비행 여행은 비행기 안에서 바깥 구경이었다
밑에서 하늘을 보면 구름이 높이 있었는데
비행 속에서 보는 구름은 낮은 바다 위에 둥 둥 떠있는 걸
눈 망채로 건져도 되겠다
아이처럼 구름을 건져서 도화지 위에 올려놓고 배열을 해 보니
사슴이 되고 새의 날개가 되고 건장한 남자가 되어서 여자를 품고 있는 그 구름으로
그려놓고서 이것이 좋은 시라는 목적지에 도착했다.

6
여행길에서 처음 보는 광경에 도취될 때가 있다
영상으로 남기려고 일행들에게 한마디
여기 온 기념을 남기려면 발을 뒤로 빼지 말고 사진 찍어요
발을 빼지 말라는 그 말로
모두가 한차례 웃으며 사진을 찍는다
이것이 좋은 시를 찾는 비결.

파랑새

내 삶은 이미
아침 햇살을 퍼 올려 보았으므로

시온의 영광이 드리우고 놀 마당 세팅해 놓았으므로
놀이 방식이 다른 저 엉뚱한 새
기왕 디딘 발 눈을 뜨고 보자고 깃털 세웠다

귀를 열어놓고 듣자던 광야의 씨앗 노래
심산 골짜기 넘나들며 캐어
몇 줄의 시에 곁들여 날려 보낸 파랑새 아니던가

조석으로 피는 나팔꽃 사연을 물어 나르는
저 파랑새에게 어쩌다 나를 빼앗기고
찬바람 휘도는 빈 구름집

하늘이 살포시 들여다본다.

디카시

1
내가 꽃 좋아하는 걸 어찌 알고
동지섣달에 피어 거실로 들어 와
향기를 보내오면 나는 무엇으로 보답하리.

2
우리 집에서 나와 함께 사는 푸른 솔아
너는 천년을 향하고 나는 8, 90년인데
몸을 다른 방향으로 트는 것이 너의 마음인지
천년을 지키기 위함인지.

3
중국 광개토대왕 능에서 왔노라 인사하는
영호 호색 말, 먹성 좋구나.

4

파랑새여 어디든 날아서라
너 있는 곳이 나 있는 곳이다.

5
수박이 대박을 다 낳았어.

무당벌레의 핑계

아무데서나 긁적 긁적
촉에서부터 시작해서 그런지
순박해서 그런지 느리게 가요

문은 어디로 내고
길은 어디로 향할 것인지
밤새 모티브와 씨름한 충혈된 눈
아침 얼굴로 비벼보아도
모티브가 잡히지 않아
하늘로 솟은 피뢰침에 손 내밀고 싶어요

새도 오고 열매도 밀물처럼 오는 나무는
가만히 있어도 그늘이 오는데
대롱대롱 매달린 무당벌레
모양은 갖추었으나 가슴은 구멍이 나

계속 쏘아 올리고 있는 갈구의 꽃구름으로
한 꺼풀 벗는지
숨 고르기만 해요

보다 못한 봄날 중천으로 가던 해가
머리를 짚어주며 잠 밥을 먹여요
점점 가슴 쪽으로 내려오는 잠 밥은
또 한 꺼풀 벗겨냈는지
웃음 띤 볼이 보여요.

연꽃 피니

고추잠자리가 비행하는 칠팔월은
연꽃이 그네가 되어 나를 띄우네

연꽃에 머무는 바람
무거운 덕진 연못도 불끈 들어
그네에 태워 밀고
공중 자전거를 탄 고추잠자리는 술래가 되고
동박치마를 입은 계절은
매끈한 장딴지를 내놓고 나 잡아보라 한다

저물녘까지 해찰에 팔려 그네에서 내리지 못하고
저녁 바람도 연꽃에 푹 빠져 요절이네.

한 잔의 차

오래 머물다가
풀잎에 내리는 이슬이고자
서서히 음미해보는 한 줄의 시구

오래 접혀 있던 가슴
한자리로 펼쳐보게 하는
그리움은 훌훌 불려나가고
차향을 음미하면
눈물나도록 안타까운 우리 사랑
함께하는 자리
가까스로 끼워
눈 맞추고 있다.

설록차

설록 새순을 싣고
조심스레 달리는 봄바람
제 땅에 고루고루 뿌리기 위해 달리는 게지

동산에 뜬 해가
서녘으로 머리 둘 때까지
자기 일에 바쁜 바람

위태로운 터널을 지나 굽잇길 돌다
휴게소에 잠시 내려 설록차 한 잔 뽑아들면
새 힘을 돋운다지.

백두산 천지를 찾아 · 1

한반도를 기대고 있어 장백산이라 불리는 백두산

많은 이를 움직이게 하는 신의 손길

웅장한 연못을 만들어 놓고

나는 인천에서 단동으로 압록강으로 장백산까지

천지 영롱함을 보기에 숨이 차는 것도 잊고 꿀을 머금게 하네

세상을 이끄는 어느 선각자가 백마를 타고

백두산 장군봉 앞에서

발이 백두산 천지 연못으로 뛰어 들었다

파란 물감을 풀은 물에 놀라 발을 멈추는가

오늘 밤 이곳에 별이 내리는 광경까지

영상으로 대신 하려는 카메라만 부지런히 설레는
그리 웠던 백두산 천지
골수까지 새겨 넣으려고

많은 사람이 날개옷을 갈아입기도 하네.

백두산 천지를 찾아·2

한반도에 똬리 틀고
만민의 동경 속에서 나를 부르는 백두산 천지

인천서 배를 타고 단둥에서 다시 압록강을 거슬러
백두산 천지를 찾아 서파 나무계단 올라 장군봉을 향하였다
누구나 한 번쯤은 보아야 한다는 백두산 천지

날이 흐리면 얼굴을 보여 주지 않는다는 신의 위력
천지 연못을 보니 방금 풀은 파란 물감이 맞네요
눈이 부신 영롱에 빠진
저절로 환호가 나오는 연못 신천지

내 마음의 정류장에 준비된
기쁨과 슬픔이란 두 대의 버스 중
나도 모르게 기쁨의 버스에 오르는 내 거름을 아는가.

살맛

내가 키우는 화초들
자고나면 어제보다 훨씬 높이 올라온 잎을 보았을 때
이들이 밤새 파드락덴게 이것이었구나 알고서야
비로소 나도 찾고 싶은게 피드락 덴다

아침이슬에 촉촉히 젖어서
생의 의욕이 생길때
오늘을 맞이하는 살맛이 있지 않을까
화초는 가만히 있어도 떡잎보다 속잎이 더 크다
더 큰 것은 희망의 발걸음

좋은 땅을 차지하는 발이다
힘이 있으면 커지는거야
크면 비바람도 어른처럼
견디는거야

속으로는 물밑작업을 했던거야
젊은날에 심었던 이름자 잡초속에 있어도
그 얼굴 떠올라서 살맛이 나는거야.

2

메콩강

캄보디아에 와서 메콩강 유람선을 타고
휘황찬란한 야경에 든다
젊은 날의 낭만과 환희의 외침이라고 할까
그리운 동심 비틀어진 꿈
모두를 끄집어 내서 다시 한번 돌뱅이 치고 싶은
욕구가 터져 나오는 노랫소리 친다
누군가와 잔을 나누고 싶은 충동에
같이 탄 동료끼리 잔을 부딪쳐본다
어둠 속으로 나를 옭아매고 있는 구질구질한 질곡
내던지며 메콩강 야경에 깃들어 본다.

황해 가운데에서

단동 페리호 갑판에 올라
갈매기와 속 깊은 정을 나눌까
배를 따라오는 갈매기
내 손에는 새우깡이 들려있고
갈매기를 어르며 부르는 어린아이같이
먹이를 노리는 갈매기는 재미를 붙인 듯
내 머리위를 빙빙돌며 따라온다
갈매기를 이렇게 쉽게 만난다는 것은
귀한 선물
여행은 행운도 따라오는 피로회복제.

앙코르와트 사원

캄보디아에 와서 앙코르와트 사원을 못 보면
여행이 아니란 말로
돌 머리 돌 발 성벽 사원 안의 유물들
모두가 몇 천년 된 유물이라 초점을 맞추는데
담 넘어가는 나무 뿌리가 살아서 성벽을 넘어가는 모습
세월의 무게에 짓눌려 탑에서 분리하고 싶음을 볼때
깨진 돌 한 점 한 점이 보화로 보인다
사원에 들어 휘— 둘러만 보아도
앗 소리가 나오는데
여기 온 기념으로 사진만 남기고
더 머물지 못하는 아쉬움이 남는다.

캄보디아 톤레샵 호수

나그네가 되는 일은
톤레샵 호수에 와서 물위의 수상집을 둘러보는 일
배를 타고 있으면 물위에 학교가 어떻게 있는가
어떻게 부엌에서 연기가 나오는가
교회도 보건소도 축구장에서 어떻게 축구를 하는지도 볼 수 있다
그러니까 닭 개가 사는 건
우리 사는 땅에 집을 지은 것과 같이
그들은 물 위에다 마을 만들어서 함께 사는 일이다
흔들리지 않고 피는 꽃은 없다는 말처럼
수상마을은 자연과 싸우지 않고는 살수가 없는 곳
한생을 살아가는데 방법만 다를뿐
호숫물은 여기나 거기나 같다.

예당호 출렁다리·1

바깥세상으로 나가고 싶어
예당호 출렁다리에 와서
발을 옮겨보는디

다리 밑에는 입을 쩍 벌린 시퍼런 강이라
무서움에 떨고
잡은 줄 놓칠 듯
쌩쌩한 바람 드세
출렁 철렁 위태로움이다

어디에도 피난처는 없는 다리
보이지 않은 균으로 요동치는 출렁 철렁거림
코로나19로 마스크 쓰는 것이
코로나 수용소에 갇히게 되었네

출렁 철렁 내려앉는 가슴
내 식구와 멀어지는 이 땅 사람들
위풍당당한 미덕은 다 어데 갔나

바깥세상으로 가는 숨결이
출렁 철렁대는 가슴이네.

예당호 출렁다리 · 2

가리라, 바깥으로
예당호 출렁다리를 건너서
거기서 그 나라에 집을 짓고
새로운 세계로 들어가 보리라

예당호 출렁다리 쌩쌩한 바람 몰아치더라도
다리 밑에는 물 호랑이 입 벌리고 있더라도
이 출렁다리를 건너
새로운 세계를 시작해보리라

시퍼런 강물 으르렁대도
맞서리라 앞발로 맞서리라.

택배

불쑥 온 선물 보따리
받아본 이는 알지

텃밭에 푸성귀
택배로 보내는 기쁨
나누고 싶어
먼데서 생각해 주는 그 마음

택배 짐보다 훨씬 무거운
보낸 이의 웃음이 보인다

이 봄 따스한 손길이 얹혀진
건강한 작은 쪽지도
봄꽃으로 핀다.

짝사랑이 준 꽃바구니

 이 나이에 받아본 꽃바구니 나에게 무슨 의미를 주는지 축하의 꽃바구니라고 하지만 나는 아리송하게 생각이 갈대의 흔들림이다 어느 찻집에서 글벗에게서 생일 축하 한다는 소리를 들었다 그래서 생명이 없는 나를 흔들어 주고 싶어 알코올을 입에 대고 싶었다 쉰일곱이었기에 생일맞이 꽃 내게 있음직한 18세 볼 같이 상기해지고 가슴이 설레고 무슨 일이 일어날 것 같은 묘한 이 기분 찻집 주인은 시의 풍로에 불을 그어대며 분위기를 띄워준다 나도 모르는 흥얼거림 시낭송, 주인도 거들어 시낭송 하게 분위기를 만들어 준다
 꽃에 취하고, 시에 취하고, 사랑에 취하고 싶음으로 밀어 준다
 이 찻집 오기 전에 나는 오시지 않은 선생님을 기다리고 있었다 그럴만한 이유가 있으리라 생각하고 있지만 그래도 믿고 기다렸던 생선님이었는데 안 오시는 선생님 대신 꽃바구니를 받게 되어 어찌 된 일인지 초롱 꽃집 주인이 인심이나 쓰자고 베푸는 꽃이지만 그리 여겨지지 않았다. 전북문협 세미나에서 가슴에 꽂았던 꽃 제게 주신 기억이 나서 어리벙벙했었다. 이제 생각나는 사랑의 마음은 선생님께서 삐지신 걸 나중에 알게 되었고 우연한 이 연결, 내 생각을 그리 끌고 있었다.

보이지 않는 선생님 대신 그때 받은 꽃이면 엄청난 의미가 담긴 꽃 소녀 같은 내 볼이 상기해지는 꽃 착각에 빠진 날이었다. 축하의 의미를 간직하고 마음을 나눌 수 있는 꽃이라면 반가움이 아니겠는지, 핑 도는 눈물로 어딘가 숨어서 가슴속에 들어 있는 것 뱉어내고 싶었다 여기까지 회몰고 온 가슴앓이 어느 때까지 부리지 못하고 지고만 있어야 할지! 이 멀고 무겁기만한 무게 우연히 생일이라 받은 꽃바구니 꽃에다 입도 대고 사랑의 무게를 않고 어쩌지 못한 채 집에 와서 딸아이가 왠 꽃이냐고 묻길레 ―선물 전주에서 여기까지 안고 왔다― 꽃바구니 내 방 머리맡에다 놓고 있으니 한편으로는 늙는다는 것이 서럽고 잘 써지지 않는 시의 한스러운 어질머리 돌아나오지 못 할 시인의 나라로 끌려가서 전염된 나도 그 나라에서만 살아야 살 수 있고 그 나라가 아니면 이제는 살수가 없게 된 나도 그 눈길 달구어 놓은 돌 때문에 선생님 시에 귀 기울이게 되고 날 부르는 소리에 가보면 내가 아닌 다른 이를 부르는 것 같고 확인하려 들면 아무 소리 들리지 않는 이 쉰일곱의 꽃바구니. 아리송하게 웃고 있다.

짚의 주인

나는 밥 나무였어
먹고 배설해야 사는
만경 들에서 고엘 손에 묶인 짚
한때는 아이를 해산하는 산모도 짚을 깔고 몸을 풀고
산후 뒤처리까지 탯불로 마무리한 재는 땅에 보너스로 주고
태어나서 제일 먼저 나를 보듬어주던 짚

한 나그네가 우리 마을 전경을 둘러보면서
짚 눌 보고 이 집은 부자이고 빈곤한지 알아볼 수 있었고
그 시대 정보를 알리던 문화는 해성처럼
큰 성을 이루어 달나라까지 발판을 대고
농경 역에서부터 출발했었지

수시로 짚 눌 곳에서 짚을 들어다 아궁이에 불붙여
식솔들 밥상을 준비하신 어머니는
군불로 속살도 녹여 다복을 만드셨지
동난에 당신이 스스로 횃불이 되어 안위를 알리셨지

이런 애환이 담긴 농한기 사랑채에서는

사는 이야기 꽃피우시는 어르신들은 가마니, 꼴망태, 이엉,
짚신, 용마루
　용케도 생활용품을 만들어 사용했고
　우리 문화가 짚에서 꽃처럼 피어났는데
　시대가 변했다 해서 소먹이만 되랴

　타향에 산다고 밥숟가락을 놓을 수는 없지 않은가,
　가을볕에 누워서 몸에 하얀 뭉게구름 그려 넣는
　버섯을 키워보라
　발효된 청국장을 달나라까지 배송한
　달나라 식당 토종 옹기에서
　청국장 보글보글 끓는 소리 들어 보렴.

화살표를 따라

잡초만 경작하고 있는 폐교
이 빠진 낡은 풍금은
다시 가슴 열고 노래하게 해달라고
방향을 향해 화살을 당긴다

바람조차 가두어 못질 한 교정에서
삶의 방향을 잃은 가장은
새소리 해맑게 봄 싹 틔울 듯
곱은 손으로 건반을 누른다

건반을 누른다는 것은
가슴속 이야기가 가득하다는 것
한톨 한톨 노래 가락에 실어
풍금의 구세주가 되는 희망을 조율한다

옥타브로 왁자지껄한 아이들 소리,
산까치 소리
봄 싹 봉긋봉긋 돋는 산골 마을에
하늘을 날듯한 새의 공연이 먼저 교정을 달군다

어슬렁대는 청솔모도 소나무에서 내려와
반갑다고 솔방울을 굴리며 판을 벌이자 한다.

가장 쉬운 일

자다가 깨서 소변을 보고
아빠 자는 대로 끼어든 아이
종알거리는 소리를 가만히 듣는 아빠

볼기댕이를 도닥거려주는
아빠의 사랑스러움이
하나님 마음이라고 믿고 있기에
그냥 평안한거야

알지도 못하면서 안다고
다른 생각을 한다면
그것은 불안해서 수면에 못들어
사고가 나 알았다면.

3

코로나19 · 1

코로나에 잡혀서
코로나의 포로가 되어 숨막히는 세상
마스크 수용소에 갇혀 소독제와 거리두기

지나간 봄은 다시 왔는가 본데
대문 밖의 손짓에 처음 가보는 길
가는 길목마다 눈물 훔치기 일쑤

내 눈에 보이지 않은 코로나
마스크와 손소독이 필수라고
깜박깜박하는 정신줄 챙기지만

코로나 앞에 너무 비천한 나
나도 모르게 나오는 중얼거림을 들어보소.

코로나19·2

코로나 앞에 방역으로 대치하지만
마스크 소독 거리두기에
온통 합심하고 있지만

생명은 약하고 바이러스는 강하여
내가 독사처럼 머리 쳐들고 독을 뿜어내도
코로나는 맞는지 죽는지 알길 없고

코로나 앞에 너무 비천한 육체여
살길이 이것밖에 없다더냐

매일 장두칼 높이 쳐들고 위협하고 있는
저 코로나와 싸우는 현장에 생사가 달려있어.

달맞이 꽃

오가는 길 뜸에서
고작 하는 인사가 달마중 가는 길이드냐
노랑 옷을 입고 물장구치던 소꼽친구

파랑 장미를 피워내는 내정원에서
너를 하얀 너울 쓴 여인으로 품는 달은
원래는 내것이었다

달 밝은 밤에 내가 누구를 보고 그리 속삭였겠니!
민들레 홀씨 빙빙 돌리는 강둑에서
내 임이 눈 비빌까 봐
못 바꾸는 情

칠월칠석날 오작교 오르는 견우와 직녀는
구름으로 나타나는 연인相을
감동으로 스콜 하더구나,

호수 속 하늘을 형상화해도
유행 따라 뜨거운 여름날

장화를 신고 제멋으로 걸어도

새 하늘에 새 물 부어가며
같이 이 마을 지킨 우리가 아닌가
저물녘 귀가하시는 아버지 마중 나와 주어 고맙구나.

두엄자리

거름이 있는 곳에
알맹이는 빼먹고 버리는 껍데기들끼리
거름 공장을 운영한다

할아버지 그 할아버지 제삿날만 나오시는 조상부터
한적한 마당 한쪽이나 논밭 한쪽을 차지한 공장은
세금도 안 내고 전기요금도 안 내도
해와 달별까지 에워싸 보호를 받으며 잘 운영이 된다

거름이 되는 길 오랫동안 흘렀어도
낡아지지도 않고 새 기계처럼 김 오름 냄새
어머니 냄새같이 구수해
일찍 창문을 두들기는 새
눈 비비며 툇마루 끝에 나앉아서
모락모락 피어나는 두엄자리에서 짹짹거린다

어머니를 파먹더니만
보기 좋게 새끼들에게 파 먹히고
저들 피우기 위해

거름이 되는 등껍질에 붙어서 발길질하고 있는 꿈
거름 무덤에서 밖으로 삐죽삐죽 나와
발 걸리게 하는 저것들
다시 두엄 속으로 밀어 넣는다.

좁은 길로 가야하나?

 주차장마다 걸려 있는
 차 털이범을 조심하세요, 라고 있어도
 교회 털이범을 조심 하세요는 없다
 대문짝만한 신문에 평생을 섬겨왔던 종교의 성직자가
 징역 5년과 아들도 5년에 추징금이 72억이라면 고개 숙인
그 모습을 보고
 가슴이 벌렁거린다
 얼마나 스트레스를 주는 신앙생활 헌금강조였더냐

 복 주마고 약속해놓고 복 달라고 교회에서 살다시피 하면
십일조 강조
 각종 여전도 회비 선교비 구제비 강매 성미 주일금 절기감사
 돈 벌어다 교회에 다 주고 있는 판국인데도 교회는 더 못발
라가서
 심지를 돋우고 있다

 솔직히 말해서 교회에다 바치는 돈 보험 들어놓으면
 노후에 세계 여행 다니며 삐까번쩍하게 산다
 그러나 하나님 손잡고 살아가고 싶어서 믿음생활하면 힘이

든다
 그리고 또 이달에 바쳐야 할 돈 걱정 이것이 신앙생활이다
 순종해야 복 받는다는 말씀이 각종 헌금 요인이 되어
 교회는 기업이 되어가고
 성직자는 부를 취하고 돈 없는 사람은 교회를 못 다닌다는 말이 나오고 있다

 시인은 시 걱정을 하면서 살아야 하는데 돈 걱정을 하면서 사는게 심히 괴롭다
 믿음은 선한 싸움에서 승리하는 거라고 하는 시인은 받은 달란트 이행하는데 어떻게 승리할 수 있을까
 교회는 시 버리고 예수만 챙기는 일이 승리할 수 있다고?
 나는 못버리고 있어서 죄인이 되었다

 무엇을 하던지 먹던지 주 영광을 위해서 하라는 말씀은
 시는 뛰어넘을 수가 없는가
 문학은 새 창조를 위해서 노력하고 공부하는 새 맛으로
 살아가는 활력으로 내일을 기대하는 삶이다

교회에서 돈 걱정하는 것보다 낫다고 생각하는 선구자가 잘 못하고 있다고 성직자가 주장한다면
시인은 신과 대화하고 사는 것이 잘못일까
아니면 돈을 못 바치는 이유를 들어서 신앙생활이 소홀이 하는 것 같이 보여 번민하는 것인가
헌금 고문을 잘 견뎌야 하고
잘 견딘 자는 천국에가고
못견디는 자는 지옥에 간다는데 나는 하나님 손 잡고 살면서 돈 걱정 안하고 살았으면 좋겠다

낙타가 바늘 구멍으로 들어감 같다는 말
여기서 나왔구먼
아직 나는 망설이고 있다 믿음 앞에서
교회조직 앞에서 정말 내 생각이 내 적인가.

어매

품에 있던 자식 수레에 얹고 가
세상에 모종해 놓고 물 주고 태풍에 쓰러진 몸 부추겨주며
푸름 잊지 말고 살라고 당부한다
세상의 알곡이 되는 길은
푸른 밭을 메주는 수고가 있어야 한다고
일 바지 몸소 보여주며
니 아버지 술 드셨다 방에 들어가서 주무시게 하라 부탁하신 어매

오뉴월 쏟아지는 뙤약볕을
당신이 엎드려서 받아내는 그 땀이
사랑의 알맹이를 거둬들이는 거라고
아침마다 그 밭을 둘러보며

끼어 사는 잡초들 범접 못하게
닥닥 긁어버리는 호미가 되어
강하게 살아도 자식들 걱정에 잡혀서 허리 펴지 못하고
황혼 끝에 걸린다.

수박이 대박을 다 낳았어

1
해마다 오월이 되면 각종 채소 모를 사다 심는다
고추 모 가지 토마토 오이 참외 수박을 심어서 가꾸는 손길은
촌가 마당만한 밭에서 토마토 오이고추 가지 같은 것 따는 사이에
수박 모는 자라고
유심히 밭을 살피는 기대
수박 열리기를 바라는 눈길은 바빴지.

2
수박이 몇 개가 열렸는가 보는 재미와
손꼽는 재미는 솔솔 했지
넝쿨을 살피는 눈이 7, 8개 있음에 기뻐서
다음날도 오고 또 다음날도 이것들이 보고 싶어
관절이 안 좋은데도 끌고와 진다
밭은 4킬로 정도 되는 거리다
운동 삼아 가꾸는 먹거리
무공해 채소 먹자고
내 기대는 잘 자라도록 풀도 매면서

물도 주고 수박은 크고
수박이 열었는가 뒤적거리다 수박 넝쿨에서
젖순이 나오는 박 넝쿨을 보았지.

3
내가 심지 않았어도 문장을 만드는 단어에
접속사를 붙이면 다른 문장이 살아나듯
색다른 재미를 부각시켜 줄 것 같은
무엇인가 보여줄 것 같은 넝쿨이 보여
밭 가쪽으로 머리를 돌려놓았지
내가 심은 것 아이고 자연그대로
수박의 몸에서 올라오기 때문에
신기하고 새로운 발견에 호기심이 생겨났다
혹시 시가 나오지 않을까.

4
무엇인가 나올 것 같은 예감
다른 수박 넝쿨에서도 젖순이 나와 열겠다고 기어 올라와
밑에 있는 작물이 치이지 않게 그 줄기도 덤불 쪽으로 돌려

놓았다

그리고 수박 5개를 따서 먹었고

코로나와 싸우는 뉴스에 귀 기울이며

마스크가 백신이라는 걸 깜박하면서 볼일이 있어 집을 나가다 잊어버린

마스크 가지러 가던 발 돌릴 때가 여러 번 이었지.

5

그런 사이 여름날은 가고 가을 채소 붙일 때가 왔다

올해 날씨는 비가 많이 와서 무엇이든 심기만 하면 잘 자라

덤불에 던진 박 넝쿨들도 어떻게 뿌리를 내렸는지

채소심기에 수박 원뿌리를 다 거두어 버렸는데도 넝쿨 줄기가 왕성하여

사방으로 뻗어나고 있는 걸 보았다

참 신기했다

고개가 갸우뚱 하는 나는 넝쿨을 살펴보니

달팽이 더듬이 같은 발이 뿌리가 되어 거기서 거름을 빨아들이고

탐스러운 줄기가 뻗어나가고 있는게 아닌가

그 줄기는 용맹스러운 행진군같이 보였지

6
단어에 접속사를 붙이면 또 다른 단어가 더듬이 손이 되어
고리를 만들어 물고 계속 문장을 만들어 주는
이야기줄거리가 감동을 주는 것 같기도 했었지
수박이 대박으로 열리는 이 과정이 어떤 역사를 만들어 내듯
줄기마다 하얀 박꽃이 피고 지는데서 열매 커가는 모습이
처음 보는 광경이라 나도 모르는 웃음이 벙글거리었지.

7
참 신기했지 나를 설 듯하려고 내 눈길을 끌어당기고
따라가는 내 시선은 재미도 있고
오랜만에 온 기쁨에 감사해서 내 마음을 토해내고
어수선한 내 마음에도 기쁨의 꽃이 핀다
위협하고 있는 저 코로나를 이겨내는 힘을 받았고
박꽃을 보는 순간은 세상 모든 것이 평온하게 되는 것 같았지.

8
흰 꽃을 보는 나는 순수한 시골 옥이로 그네 띄워줘
순박해지는 미소가 돌아와 그냥 신기한 웃음이 나오던 걸
며칠 지나 밭에 와보니 큰 박이 여기저기에서
손을 흔들어대고 있지 않은가
나는 고맙고 감사해서 인사만 하고 집에 왔었지
그 다음 날 밭에 와보니 엊그제 보였던 박이 안 보여 참 이상하다
허깨비가 여기에 있어 나를 홀리고 있지 않은가
도깨비 박이 보였다 안보였다 하니
어떤 주술에 걸려 있는 궁금증이 생기었지.

9
수박색 박은 날로 커서 길이 50센티 넓이 35와 40 되어 제몸 가눌 길 없어
밑으로 내려져 땅에 발을 딛고 있는 걸
나는 못 보고 도깨비 박이라고 생각했던 거지
그러며 박을 보화로 여기는 마음이 들어 신화속의 흥부 마누라처럼

여기저기 자랑하며 사진을 찍어 보내기도 하고
비록 돈이 안 된다 하더라도 보화로 보는 박은 수박이 낳은 피 줄
생전 못 보던 것을 보았기에
수박색 박을 그리 귀하게 여겼었지.

10
추석이 다가오고 있었다
다른 때 같으면 명일에 이것저것 챙기어야 할 돈 걱정 먼저 하는데
이번에는 아니었지
주렁주렁 열린 박을 바라만 보아도 혼자 저 박을 어떻게 요리할까
옛날 어머니가 만들어 주시던 박고지 생각도 나고
이참에 박고지를 해 먹으려고 큰 박은 쇄라고 놓아두고
연한 박 5개를 따서 고지를 만들어 먹으려고
열린 박을 따면서 숫자를 세어보니
두 구루에서 무려 16개 열린 것이다.

11
수박색 방위복을 입은 박
나는 처음 보는 대박
이렇게나 많이 얻어서 속으로 흥분까지 했었다
흥부네 박처럼 금은보화가 들어있지 않을까
헛꿈 헛셈도 하며
코로나 바이러스와 사투를 벌리고 있는 이 혼란 속
대박이 준 기쁨은
그야말로 친구들도 한 통씩 안겨주고 자랑하고 싶었다
먹던 못 먹으면 바가지 공예라도 만들어보라고
내게 하늘 문이 열려 박이 내려왔으니
친구도 한 통 받으라고 인심 쓰고 싶었다.

12
추수감사 절기에 우리 교회에서는 성도님들이 차리는
각종 곡물 채소 과일로 장식해서
강대상 앞에 올리는데 나는 매년 호박을 냈었는데
금년은 호박 대신 박으로 올릴 것을 생각하면서
감사 절기에 강대상 앞에 놓인 박이 많은 성도님들의 눈을

끌어당겨
  박을 보는 성도님들은 누구나 한 마디씩 오- 대박이야 하는 소리 들으며
  나는 그 소리만 들어도
  대박이란 극찬에 주인공이 된 듯 기뻤고
  방위복을 입은 박을 내가 처음 보았을 때
  반가운 메김이 되살아남과 동시에
  대박이라고 말하는 이분들도 나와 똑같은 마음이었을 것 같다
  보는 이들에게 나는 재미있고 신기한 이야기를 선물했지 않은가.

  13
  코로나와 혈투하는 가운데서도
  이런 걸로 웃고 기쁘고 박 잔치를 하니
  이렇게 삶을 마련해서 살고 있다는 것도 감사했다
  원뿌리가 뽑힌 박이 더듬이 발로 땅에다 뿌리를 박고
  이처럼 농장을 이루어주는 파랑넝쿨의 신통 방통
  먹는 맛이 아니라

보는 맛 생각을 곱씹게하는 맛
꿈꾸게 하는 맛
나를 흥분시켜 빠져들게 하는 맛이 있다
나도 이런 재주를 가졌으면 하는 생각도 든다
수박이 대박을 낳은 것과
시를 낳는 과정이 똑같지 않은가
수박의 몸에서 대박이 나오듯 시에서 대작이 나오기를
작품을 쓰는데 여기저기에 붙이는 단어 맞추는 일
밤낮으로 공을 들이고 있지 않은가
우주로 가는 시가 되기 위하여
나도 자동으로 자연으로 돌아갔으면 하는 내 생각이다.

14
대박 무려 18개나 되는 열매를 나에게 주었다는 것은
톱뉴스가 아닌가
동시에 하루속히 코로나 피난길에 박 같은 지혜도 필요하지만
 코로나를 죽이는 약도 찾아야만 하지 않은가
 박의 더듬이 같은 순으로 땅에 발을 딛고

18개의 박을 달리게 한 박 같은 지혜도 필요하지만
더듬이 같은 단어로 명귀 절을 내놓고 싶은 재주는 없을까
더듬이 순에서 살길을 찾은 박처럼
살길을 더듬어가는 내 삶
하루속히 갇힌 마스크 수용소에서 해방되기를 빌어본다.

향을 음미하다 목에 걸려

조이는 가슴
물러버리지 않게
풀잎에 내리는 이슬이고자
가진 꿈 달리는 말발굽 소리
놓이기 싫은 벌렁거림이었다

넘을 수 없는 태산 바라만보며
속으로만 음미하다
뭉개진 가슴 펼쳐보이는
훌훌 불어버리는 향이었다.

4

찔레꽃

하얀 찔레꽃을 보면
가슴 콩닥거리던
순백이
내 속에서 피어있음을 안다

왜! 그리 울렁거리기만 하는지
얼굴은 홍당무가 되어 두근거렸는지
나는 몰라

그때는 그랬었어
찔래꽃을 보면 그때 그 생각이 나서
꽃봉오리를 따서 코에 대본다
울렁거리지 않아
찔레꽃도 내가 늙은 것을 알아.

파랑가시 피나무

우리 집 가보로 손꼽는 파랑가시 피나무
큰 나무는 선산에 오르셨고
그 밑에 작은 뿌리 눈에 꽂혀
육각 잎 조막손으로
반짝반짝 별 춤을 춘다

봄바람 얼굴로 담장을 타고
기어오르는 저 장미꽃
부신 몸이 벌렁거리는지
발뒤꿈치 들고 섰을 때

소리도 없이 군화발로 쳐들어오는 저 푸름의 반응을 보라
집을 세워가기 위해
파랑 가시 피나무로 오층 석탑처럼
서재를 만들어놓고

매일 오르락내리락 하며
반짝이는 잎을 읽어 간다
읽으면 읽을수록
환한 지혜의 전망이 보이는 가문의 집.

눈을 들고서

보고 지고 보고 듣는 절실함 없이
어찌 살았겠는가
바람 드센 광야에서 무단히 만지고 고르고 재어 썼다
너를 만나기 위해 보이지 않는 눈을 들고
창 밑으로 화분을 빙 둘러놓고
매일 흘러드는 동쪽 태양을 가슴으로 품으며
눈을 들지 않으면 화분은 시들어가고
물 많이 주면 뿌리가 썩어 죽어 버리고
다시 심긴 화초가 싱싱하게 새싹 트는 것을 보고
큰 보물인 듯 가꾸는 그 일은 눈을 들게 만들었다

물도 흡족한 내 집은 햇빛도 넘쳤어
차단막으로 햇빛을 가리듯
쓸 만큼만 쓰는 눈도 들고서
쑥개떡 이웃에게 넘겨주듯
햇빛도 그리 나누고 있었지.
화초들 속에서 주고받는 말도 들었었지
너희들이 있어 고맙다, 우리를 키워 주시는 분이 누군데요,
우리가 감사하지요. 글쎄, 그래요,

같이 웃고 같이 우리가 되는 울안
화초가 화분에 있으면 작게 보이고
정원에 심으면 크게 보여
새의 요람도 되지
그것도 눈을 들어야 알게 돼.

익산 단오제

여름의 문턱에 들어서는 立夏가 되면
온갖 꽃이 만발하고 연초록 신록으로 무성한 절기라
양기가 왕성한 날이 바로 단옷날
우리 풍습에 따라 전통 민속놀이와 현대가
어우러지는 한마당 마을놀이
남녀노소 막론하고 누구나 먹거리 싸들고 배산으로 향했다

단옷날 배산에 가면 치마를 줍는다는 전설까지 달고 있는
익산 단오제를 향하여 발걸음을 재촉하던 그때가 그립다
동시에 농작하시는 분들 익산을 중심에 두고
10킬로 거리를 걸어서 무조건 와서
한번 실컷 놀고 힘껏 일하자고 벼르는 날
크게 기대했던 날인데
그렇게 놀던 놀이마당이 쟁기로 갈아 없퍼 있는 걸 보았다

단오제가 금년 들어 20회인데
그래도 익산은 백제 유적이 빛나고 왕궁터를 유산으로 받은
살기 좋은 배산 공원인데
미륵사지 세계문화유산 등재되어 골목골목마다

우리 유산 빛내고 가꾸자
구호까지 외치는데
조상의 얼이 깊숙이 배인 자랑스러운 고장에서
고유놀이도 모르고 어찌 살라 하는지 저들에게 묻고 싶다.

귀신 작정

한 집에 숫놈 귀신과 암놈 귀신이 살면서
어쩌다 삶의 끈이 여기까지 오게 되는지
내로라하는 개으른 숫놈으로 인해 암놈 귀신은
번번히 학을 떠며 숨 쉰다

밥솥에 밥이 한사람분만 있어
 오늘 아침은 암놈 귀신이 그걸 먹고 출근을 하려고 생각 있는 참에
 숫놈 귀신이 먼져 그밥을 먹고 있는게 아인가
 부지런해도 새로 밥을 지어먹는 것은 시간이 없고
 그냥 골탕만 먹고 출근했다

번번히 당하는 스트레스로 살까말까 하면서도
암놈 귀신 목숨 유지한다
국회 의사당 여야 물귀신 작전도
내 사는 집 같지는 않겠지.

폭소

외국 가서 그 나라 처음 보는 경관를 놓고
영상으로 남기고 싶음은
다른 사람은 아닌 상 싶을 땐가
웃음을 초래하는 말 한 마디
모두들 발을 뒤로 빼지마시고
함께 찍어요 하면
모두가 웃으며 함께 촬영이 된다.

풍장소리

어디에서 들리던 마을 풍장소리
내 고개가 끄덕끄덕
향수에 젖어들게 한다

흥겨운 날에 풍장이 동원되어
풍장소리 박자가 착착 맞으면
몸이 흥으로 용 오르듯 으쓱으쓱
모양새가 있건 없건 빠져드는 흥의 갈증
생수 같은 박자를 벌떡벌떡 들이키고
그냥 웃어버리는 것
곁에서 노는 사람을 보고
같이 동조하는 내가 있다

풍장소리 이렇게 동조되는 흥으로
일 잘한 춘식이 아저씨들 동네 아낙들
씰룩씰룩 웃기는 얼굴 보는
그것이 나는 재미있었다

부엌에서 풍장치며 구석구석 방구석 박자 맞추며

복 빌던 두손 모아
그 소원 빌던 모습이 생생한 것이다

어디서든 풍장소리만 들리면
나를 불러내는 것 같아
내 본색은 드러나고 만다
정지된 심장이 벌떡 벌떡 깨어나는 풍장소리.

까치 애肝腸도 나와 같이 붉다

우리가 사는 방식이 다를지라도
까치는 우리에게 기쁨을 주었기에
저 나무 이 나무를 날아다니며 요람인 이 마을에서 일어났다

하소연을 하며 울어대는 까치
둥지가 있어야 새끼를 치고
종족을 번식하는 의무를 하지요
품에 있는 자식 내려놓지 못하게
내 집을 헐어버리면 나는 어쩌란 겁내

마을을 돌며 해충도 잡아주고 함께 살고 싶어 동조했는데
산으로 안 가고 마을에 신혼을 차리는데
방문 앞에다 집 지었다고
헐어버리면 우리는 어찌 살라함네
뒷간 옆 마늘 밭을 아작을 내는 까치 부부

깍깍
통곡하며 부리가 피가 나도 신춘에 올라오는 마을을
쫓아 대며 부러트리고 있다

몇 날 며칠을 울부짖었던지
마늘 밭 두 두렁이 앙칼지게 바수어졌다

보복의 피스톤에서 솟는 뜨거운 용암이
물 불 가리지 않고
제집 허른 이 마늘밭인 줄 어찌 알고
제 새끼 먹은 뱀을 찾아
땅속 구멍을 집요하게 지키고 있다가
그 뱀을 쫓아 죽이고야 마는 까치의 증오

울부짖음으로 대항하는 울지 않는 새가 어디 있겠는가마는
새끼 빼앗기고 통곡하는 어미 심정
뒤집힌 눈에서부터 나오는
그 발사체 나는 안다
어미란 애肝腸은 새나 짐승이나 나니
똑같이 빨갛다
내 눈에 보인다.

미투의 미학

진달래가 벌에게 당했다고 하니
같이 있던 민들레도
나비에게 당했다고 말한다
그러자
매화 산수유 복숭아 살구 자두 배 떼를 지어
나두나두 아우성을 친다
드디어 벌과 나비들이 얼굴을 싸쥐고 은둔에 들어갔다
그래서 그해 과일 나무들은 열매를 못맺고
온통 나라에 흉년들어 못 먹고 못살았다고 전하네요.

불평

닭이 소에게 불평을 늘어 놓았다
인간들은 참 나빠
자기네들은 계획적으로 알을 낳으면서
우리에게 무조건 알을 많이 낳으라고 하잖아

그러자 소가 말했다
그건 아무것도 아냐!
수많은 인간들이 내 젖을 먹어도
나를 엄마라고 부르는 놈이 한 놈도 없잖아.

슛, 골인

복지관 등나무 옆 허름한 내 있는 곳
나이 든 할미와 홀아비들이 시간 땜질을 하고 있다
누가 타고 온 자전거 바구니에
바나나 껍질 던지는 걸 보고 청춘은 여기도 있다는 걸 안다
집에 화분 거름으로 쓰는 알뜰함 아직도 남아서
5~6m 거리쯤에서 던져도 잘 안 들어가니
여유 있게 아이들 놀이를 주워다 다시 던진다

그걸 보고 있던 내가 그 거리에서
던져봤다 쉬운 것 같았지만 안 들어가고
연거푸 웃음 질질거리며
거듭 세 번을 던져도 안 들어가
늙지 않은 오기가 발동했다

그런데 거기 있던 어떤 홀아비가 나서서 던진다
선물은 내가 사주어야지 하고 던졌는데 그만 한방에
그곳에 있던 모든 사람의 폭소가 하늘을 찔렀다
한바탕 웃음을 쏟게 했던 자전거의 바구니
웃음의 전율을 준 바구니

이런 골인의 선물은 젊어지는 기쁨이었고
낮은 날개를 펴보는 일이다

조금 전만 해도 이곳에 같이 있어 부끄러워했던 생각을
얼른 지우게 하는 값진 보약이 어디에 있으랴,
하찮은 자전거의 바구니가
이 큰일을 해냈구먼.

천사의 나팔꽃(Angel's trumpet)을 받으며

왜소한 풀이 내 집으로 들어와
함께 살자고 손 내밀어서
양지쪽에 화분을 내주고
나는 품는 물처럼 정성을 퍼주었다

내가 좋아하는 꽃나무
고 예쁜 것이
앞가슴에 풋고추 같은 이름표를 붙이고
온 식구가 환호하는 천사의 나팔꽃 피울 때
끙끙대는 산기가 여자의 몸이라
아기 받는 내 손으로 감당해 주기로 했지

방금 비책 하나 뽑아 든 천사의 나팔꽃
냉기만 감돌던 내 집에 온기를 돌이다
요란하게 비상벨이 울리고 있는 지구촌
가슴이 벌렁거리는 한가운데에서
코로나 바이러스 향해 앞 뒤뜰 온 마을까지
천사의 나팔꽃 향을 불어댄다

솔바람 간질이는 호흡으로 화분 물주며
흘리는 물방울로 구슬치기 하던 물조리가
새로 시작하는 아침 인사
소리 없는 전쟁을 하듯
보이지도 않는 균으로 위협받고 있는 이 상황을 눈짓한다.

나는 외출할 때만 마스크 수용소에 갇히기로 하고
집에서는 마스크를 벗고 숨 쉰다
천사의 나팔꽃 향에 기대고 코로나와 싸운다.

5

푸름의 반응

새싹은 맨발로 땅을 딛고 있어도
무럭무럭 자라고 무성해서
푸름이 제 몸이라고 보듬는다

간밤 먹구름에 목이 잘려도
두 눈 부릅뜨고 태양을 똑바로 본다

꽃도 피고 열매도 내놓을 테니
태양은 내 것이라고 우긴다

샘솟는 젊음을 누가 탓하랴

헉헉거리는 여름을 넘어
그해 스무 해 서른 해 천년만년까지
시퍼렇게 살아서
푸름은 젊음이라고 으시댄다

황사가 와서 한쪽이 누렇게 탈진해도
젊음은 내 몸이라고

쭉— 뻗어 버린다

그래서 새싹은 다시 맨발로 땅을 딛고 있다.

아리송

팽이채는 누구이기에 나만 치는가

나를 찾다가
나를 읽다가
등을 간질이는 음향에
귀를 주다가
끝내 나를 또 치는 팽이채—

불쑥 딛는 발 거름
안개 자욱한 골짜기 옹담샘 물 쪽박으로
살폿 떠봐도 나는 없다

빨리 가려는 것도 아닌데
양손 쥐려는 것도 아닌데
주어진 삶 깔끔히 정비하는 것
그것인데

아리송한 팽이채는 왜?
나만 치는가

팽이채로 맞아서 도는가
살기위해서 도는가
팽이채가 없어도 그냥 돌아간다 .

병상 일지

노환인지 내내 아쉬운 화근인지 수수밭이 병이 들었다
환경의 오염으로도 탓할 수 없는 처지에 이르러
대장을 잘라내는 수술에 멍든 수수밭은
죽음의 문턱에서
어떻게 보면 생의 애착이라고 할까
다다른 운명에게 반항이라 할까
수수밭 시인은 그 후로 멀어지고 희미한 것들과
사라지는 것들이 있었다
그것들을 지우개로 지우며 훌훌 불어버리며
 이런 저런 해야 할 일들이 많은 가운데 이 병상 일지를 정돈해 본다.

1. 하나병원에서
얼마 전부터 귀속에서 고철 소리가 나
나이 들면 귀도 서러워하나 보다
병든 세포가 터져
피가 새어 나가는 소리인 줄 몰랐다

말라가는 논바닥처럼

노랗게 타들어가는 내 안색은
물을 대지 않고는 이대로 죽음 뿐
며칠에 걸쳐 논에 물을 대고
죄 없는 배가죽엔 금이 길게 그어졌다

7월 어느 햇빛좋은 날 눈을 떠보니
손발이 꽁꽁 묶인 중환자실
여기저기 신음과 갑갑함으로
손발을 풀어달라고 소리쳤다

의사들은 병에 묶인 자를 풀어주기 위해
분주하고
그중 하얀 까운을 입은 나의 주치의가
더욱 빛나고 있다.

2. 백기를 든다
어렵게 마련한 스위트 홈
겨누고 있는 화살이여
나를 고문하고 있는 운명이여 내 가시여

대항하던 무릎이 아까전만 해도
평평하던 무릎이 이게 웬일이냐

나이 들면 사랑도 원망도 오기도
미움도 사라지는가
네가 찔러대는 아픔과 고통
못 견디어 손을 드는가
스스로 손을 들고 피하고 싶은 이 무기력
황우 장사도 병 앞에서는
백기를 들 수밖엔 없는가.

3. 내 생명
웬일인가 하나병원 313호실
침대 하나 차지하고 누워
주치의와 간호사들 속에
고통과 신음으로 범벅이 되어
창밖을 그리워하는 보일 듯 말 듯한 새가슴

창밖의 구름을 다시는 못보고 죽음을 맞이할 것인지

내일 또다시 볼 수만 있다면
이 빚은 갚으리라 다짐하고 다짐한다

문병 온 벗님들이 고맙고 미안하지만
주사기에 꽂혀서 종일 화장실을 따라다니는
기계를 버리지 못하는 나는 희망이 있었다

희망은 주치의를 한번이라도 더 보려고 내 눈길은
간호사들에게 잔머리를 굴리며
어린애처럼 칭얼대는 것이 내 무기였다
생명력은 나를 머리 쓰게 한다

주치의는 내 배를 도닥거리며
여기저기 만질 때
나는 어디가 아픈지 안 아픈지 분간할 수 없어도
그냥 칭얼거리었다.

4. 꽈리
깊은 병은 올때까지 와서

마취에 배를 내밀고 중환자실에서
생사가 오르락내리락
아들 딸 오금을 조이고
내 꽈리 소리를 기다리는 의술
그들에게 기쁨도 주고 싶어

꿈속의 소녀가 되어 보는 꽈리
꿈을 부풀리는 그 시절이 온 것 같이
나는 꽈리를 불었다
꽈리 소리에 내 목숨이 달려 있다는 이유에서
수술한 지 며칠이 되어도 꽈리 소리가 없는지라

어디서든 꽈리를 갖다가 불고 싶었다
그만큼 절절했다
꽈리 소리를 들은 의술은 성공했다고 기뻐하는데
이래 봐도 나는 이런 사람이야.

5. 너 무엇 주느냐
몸이 건강하면 병원을 모른다 할까 봐

의술의 값을 모를까 봐
몸속을 도는 피의 값을 알게 하려고
피의 기준치에서 40%밖에 안 되는 이 생명
이승과 저승 오르락내리락
살래 죽을래 물어왔을 때
나는 살겠다고 이 땅처럼 봄을 기다렸다

산다면 다시 산다면
이 병동 저 병동을 돌고 다니며
밤을 세우는 간호사처럼
사랑을 베풀고 싶다
너는 누구를 위해 날밤을 세워본 일이 있더냐!
시가 마음의 의사라면
구겨진 양심을 똑바로 세워본 일이 있는가.

6. 내가 이밤에 죽는다면
내 호흡을 책임졌던 방안 공기가
소리없이 커텐을 내리겠지
나를 여기까지 이르기에 회몰고 왔던 사랑이나 꿈이나

부질없이 꺼지겠지

한 송이 꽃이 피었다 지는 모습이 애처로운 혼처럼
그리 되었을 뿐 주인을 잃은 서재 물건들은
소리도 못하고 눈을 돌리겠지
애들은 어미 없이 어찌 살까
눈물 흘리며 친인척에게 알리겠지

내 비보를 듣고 누가 제일 먼저 와 줄까
이별을 준비하는 손길들은 떨리고
성도들은 손모아 기도해줄 텐데
난 천국에 오를 수 있을까
아니 믿음으로는 가지만
나는 시 쓴다고 순종하지 못한 죄 있어

경이로운 심판자는 여리게 산 나를 아시고
참담하시겠지만 내 죄를 담당한 그분은
내 시를 보시고 참작하여 주시지 않을까
어렵게 살았구나. 하시고 말이야.

7. 괴로운 날
이유를 대라면
거짓일지는 모르지만
교회를 못나간 날
참 안절부절 못했다

사는 것이 깨지고 터지고 하는 세상
하루라도 기도하지 않으면 괴로워
머리를 숙이게 되는 것은
어쩔 수가 없었다

인간의 상처를 째고 싸매주는 분은
보이지 않아도 나와 같이 있다는 믿음이
나를 끌고 다녔기에 그렇다.

8. 실험실에서
어찌하여 남의 피를 내 몸에 넣으며
째시고 싸매시는지
높은 보좌에서 보고 계신 이는

태어나서 57년까지 무엇을 하였다는가
아이들 두 명 엄마 노릇 한 것뿐
내가 한 것 너무 적어 내 목숨 연장 해주고 싶어
처절한 진통제를 통하여
나를 회개하게 하신다
새끼는 짐승도 낳는다

오늘도 호흡을 통해서 회개하게 하신 이는
내 목숨 연장해주고 싶은지!
너는 나에게 무엇 줄 수 있니 물어온다.

9. 부끄러운 사람의 종말
눈이 좀 떠지니 병실에서 보는 텔레비전으로
사회 속에 나오는 일들에 집중하게 되었다
사람이 사람을 죽인 죗값도 단죄하고 싶은 모양새
한때 대통령이었던 12·12의 사건은
내가 금식 12일 금식하는 기간에 있었다
이미 회복하기 어려운 병에 잡혀있는 나나
용서 받을 수 없는 죄로 사형을 받는 전 대통령과 노씨 일

행들

줄줄이 굴비 엮듯 묶여서 텔레비전에 나와 있는 걸
침대에 누워서 보았다
한때 권력으로 약한 생명을 약탈한
권력자인 그나 병에 묶인 나나
별반 다를 게 없는 것을 만인 앞에 보이고 있다

왜냐하면 죽음을 어쩔 수 없이 맞이해야 하는 심정은 같으니까
병에 잡혀있는 나도 죽음 앞에서 벗어나고 싶었고
그 들도 죄를 부인 하려드는 그것을 보았을 때
이것을 보더라도
사람은 악하게 실어서는 안되는 것을 느낀다.

10. 매니큐어
나는 여자다 퇴원하고 제일 먼저 한 것이
손톱에 매니큐어를 발랐다
뼈만 앙상한 나를 보는 이들 앞에

나는 아직 건강하다
예쁘게 보이고 싶다

짙은 앵두색으로
색깔에는 내 젊음 기백이 숨쉬고 있다고
입술에는 희망과 젊음
그리고 사랑이 넘치고 있었다.

| 해설 |

시(詩)에는 무딘 눈을 번쩍 뜨게 하는 힘이 있다

| 작품해설 |

시(詩)에는 무딘 눈을 번쩍 뜨게 하는 힘이 있다

김호운
(소설가·한국문인협회 부이사장)

"시인에게는 나이가 없다. 시인이 빚은 시에는 나이가 없기 때문이다."

남당(南堂) 김옥녀(金玉女) 시인을 보면 이 말을 실감한다. 남다르게 시화전으로 등단한 모습도 그렇고 산수(傘壽) 이르는 나이에 중앙대학교 예술대학원 문창과에 들어가(2021년) 공부하는 모습이 그렇다. 김옥녀 시인이 네 번째 시집 『시가 폭포가 되어』 서문에서 "내가 쓴 작품 모두가 내 삶의 진정한 동반자라고 생각해 왔다" 하고 말한 건 오로지 문학을 세월로 삼아 살아가겠다는 시인으로서의 의지를 보여주는 모습이다. 김옥녀 시인은 일찍이 박항식 시인에게 사사 받았으며 이후 성춘복 시인 문하에서 25년 동안이나 공부하며 자신의 시 세계를 다져왔다.

문단에서는 보통 신춘문예나 전문 문학잡지 신인상 공모 등을 통해 등단한다. 김옥녀 시인의 등단은 좀 예외다. 공식적으로는 1989년 『동양문학』으로 등단했지만, 사실은 이보다 25년이나 앞서 '시화전'을 엶으로써 이미 시단에 등단했다. 1964년 전북 익산에 있는 '화원다방'에서 시 15편을 개인 시화전으로 발표하면서 당당하게 시인으로 활동한 것이다. 시인의 약력을 보면 맨 앞자리에 이런 내력이 꼭 등장한다. 그리고 나서 뒤쪽에 1989년 『동양문학』 등단 이력을 올린다. 말하자면 김옥녀 시인은 처음부터 전국구(?) 시인으로 출발한 게 아니라 마한 땅 익산에서 향토문학 시인으로 출발하여 전국구 시인이 되었다는 걸 자랑스럽게 밝히는 모습이다. 그야말로 문학이 갖추어야 할 기본 뿌리를 제대로 만들어 시인이 되신 분이다. 시인은 이름을 날리기 위해서가 아니라 시를 창작하기 위해 존재한다. 시인이 빚어내는 시는 누군가의 삶에 아름다운 향기로 전해지며 삶에 지친 이에게는 날카로운 가시가 되어 정신이 번쩍 들게 한다. 김옥녀 시인이 화원다방에서 전시한 15편의 시 작품이 바로 이러한 모습을 보여주고 있다. 사람과 사람 사이에 문학의 다리를 놓기 위해 사람들이 모이는 다방에 직접 시화(詩畵)를 놓은 것이다. 이처럼 아름다운 등단이 어디에 있겠는가. 이때가 시인의 나이 22세 때다. 용기와 자신감 없이는 하기 어려운 일을 당당하게 해냈다. 이러한 자신감은 시력(詩歷) 60년을 눈앞에 둔 나이에 젊은이들과 어깨를 함께하며 중앙대학교 예술대학원 문창과에 입학하여 공부하는 데까지 이른다.

이처럼 김옥녀 시인은 삶이 문학이며 시가 곧 그의 삶이다. 이런 시작(詩作) 과정은 작품에서도 잘 드러난다. 김옥녀 시인의 작품을 보면 하나같이 일상에서 일어난 소소한 사건들과 자연에서 받아들인 사유의 조각들을 퍼즐 맞추듯 시어(詩語)로 엮어내고 있다. 그래서 김옥녀 시인의 작품들은 운문(韻文) 속에 산문(散文)을 품고 있다. 2020년 『익산문학』 제31집에 실린 작품에서는 '코로나의 포로가 되어 숨막히는 세상'이 되고 '마스크 수용소에 갇혀 소독제와 거리두기'에 묶여 사는 우리 일상의 사슬을 작품으로 보여주기도 했다. 시인은 우리의 일상을 억압하거나 간섭하는 사건을 놓치지 않는다.

> 가을 햇살이 몸살처럼
> 두레박질을 한다
> 부신 빛살의 바다에
> 몸을 뉘고
> 턱밑까지 차오르는 풍만을
> 일으켜 세운다
> 더는 길어 올릴 수 없는 하늘 녘
> 가을을 꽂는 수숫대의 지표
> 비집고 다가드는 만큼씩
> 휘어진 등뼈
> 풀어져 날리는
> 치마끈을 당기면서도
> 굽은 허리를 빳빳이 다시 편다.
>
> ―「수수밭」 전문

이 시를 읽으면 들에서 일하는 시인의 모습이 영상(映像)으로 떠오른다. '가을 햇살이 몸살처럼/ 두레박질을 한다'는 자연과 동화된 시인의 눈에 비친 시간이며 '부신 빛살의 바다에/ 몸을 뉘고/

턱밑까지 차오르는 풍만을/ 일으켜 세운다'에서는 이 시간을 희롱하는 시인의 여유를 나타낸다. 그리하여 '더는 길어 올릴 수 없는 하늘 녘'에 '가을을 꽂는 수숫대의 지표'를 세운다. 시인은 이런 일상을 반복하고 있다. 비록 세월과 부대낀 몸은 불편하지만 이 세월을 시로 엮어내는 서정(抒情)은 영롱한 이슬 같다. 그리하여 '비집고 다가드는 만큼씩/ 휘어진 등뼈/ 풀어져 날리는/ 치마 끈을 당기면서도/ 굽은 허리를 빳빳이 다시 편다'로 마무리한다.

김옥녀 시인은 채소를 가꾸고 자라는 작물을 보듬는 일이 일상이자 운동이다. 「수박이 대박을 다 낳았어」에서 이러한 시인의 일상이 잘 나타난다.

> (…중략…)
> 고추 모 가지 토마토 오이 참외 수박을 심어서 가꾸는 손길은
> 촌가 마당만한 밭에서 토마토 오이고추 가지 같은 것 따는 사이에
> 수박 모는 자라고
> 유심히 밭을 살피는 기대
> 수박 열리기를 바라는 눈길은 바빴지.
>
> 2
> 수박이 몇 개가 열렸는가 보는 재미와
> 손꼽는 재미는 솔솔 했지
> 넝쿨을 살피는 눈이 7, 8개 있음에 기뻐서

다음날도 오고 또 다음날도 이것들이 보고 싶어
관절이 안 좋은데도 끌고와 진다
밭은 4킬로 정도 되는 거리다
운동 삼아 가꾸는 먹거리
무공해 채소 먹자고
내 기대는 잘 자라도록 풀도 매면서
물도 주고 수박은 크고
수박이 열였는가 뒤적거리다 수박 넝쿨에서
젖순이 나오는 박 넝쿨을 보았지.

3
내가 심지 않했어도 문장을 만드는 단어에
접속사를 붙이면 다른 문장이 살아나듯
색다른 재미를 부각시켜 줄 것 같은
무엇인가 보여줄 것 같은 넝쿨이 보여
밭 가쪽으로 머리를 돌려놓았지
내가심은 것 아이고 자연그대로
수박의 몸에서 올라오기 때문에
신기하고 새로운 발견에 호기심이 생겨났다
혹시 시가 나오지 않을까.

4
무엇인가 나올 것 같은 예감
다른 수박 넝쿨에서도 젖순이 나와 열겠다고 기어 올라와

밑에 있는 작물이 치이지 않게 그 줄기도 덤불 쪽으로 돌려놓
았다
  그리고 수박 5개를 따서 먹었고
  코로나와 싸우는 뉴스에 귀 기울이며
  마스크가 백신이라는 걸 깜박하면서 볼일이 있어 집을 나가
다 잊어버린
  마스크 가지러 가던 발 돌릴 때가 여러 번 이었지.

5
그런 사이 여름날은 가고 가을 채소 붙일 때가 왔다
(…하략…)

―「수박이 대박을 다 낳았어」 중에서

 김옥녀 시인에게 오이·가지·수박이 자라는 텃밭은 그냥 밭이 아니라 몸을 다지는 운동장이요 세월을 희롱하며 햇살을 낚는 여행이며 시를 짓는 서재이기도 하다. 이를 시인은 '대박'이라고 한다. 살아가면서 우연히 얻는 큰 수확을 대박이라고 하지 않는가. 소소한 일상도 시인의 가슴에 들어가면 이렇듯 대박이 되는 것이다. '수박은 크고 수박이 열렸는가 뒤적거리다 수박 넝쿨에서/ 순이 나오는 박 넝쿨을 보았다. 글을 만드는 단어가 접속시를 붙이면 좋은 문장이 되듯/ 줄기가 돋아나더니만 탐스러운 넝쿨이 되어 바깥쪽으로 머리를 돌려 놓았다' 수박 사이에 자라는, 우연히 끼어든 박 넝쿨을 수박 넝쿨이 다칠까 봐 덤불 쪽으로 내던졌더니 거기에서 박이 주렁주렁 달려 자란다. 이 대박(큰박)이 대박(큰 행

운)이다. 그런 사이 여름날은 가고 가을 채소 붙일 때가 온다. 우리의 일상도 그렇다. 따지고 보면 그리 특별난 게 아니다. 그날그날 주어진 일에 충실하고 땀 흘려 최선을 다하다 보면 그것이 열매를 맺어 수박도 가지도 실하게 달린다. 때로는 생각지도 않은 일이 이 일상에 슬며시 끼어들기도 한다. 수박 넝쿨에 박 넝쿨이 끼어들고 밀쳐내어도 어딘가에서 박 덩이가 달리기도 하는 것처럼. 우리 일상이 그렇고 시를 빚는 과정 또한 그러함을 김옥녀 시인은 시「수박이 대박을 다 낳았어」로 보여준다. 시의 줄기에 아름다운 시어들이 주렁주렁 달리고, 때로는 엉뚱한 녀석이 끼어들어 자라면 솎아내기도 하고 옆으로 비켜 내던지기도 한다. 그리하여 주렁주렁 달린 실한 수박이며 박처럼 잘생긴 시 한 자락을 거두어들인다.

    그런가 하면, 가끔 김옥녀 시인은 달님과도 노닌다. 그 달님이 쏟아놓은 보석 사이에서 '옛꿈'을 만나기도 한다. 그렇게 노닐다 보면 어느 틈에 달님이 시인의 가슴에 들어와 있다.

    달이 창공 가득 보석을 쏟고 나면
    계수나무 그늘로 숨어든 님
    옛 꿈을 쏟아 내린다
    수만 리 밖 떨어졌어도
    님과 난 항상
    그 자리에서 웃는 백합
    금세 달은 내 가슴 속

골짜기를 비추며 떠올라선
다시 기우는데
겹겹이 쌓이기만 하는 사념의 은빛 가루.

―「달과 나」 전문

이렇게 섬세한 감성이었다가 느닷없이 통 큰 우주를 품는 기개(氣槪)가 솟기도 한다. 호수가 찻잔 정도로 보이고 주머니에서 꺼내 쓰는 물건(손거울) 정도로 보기도 하는 것이다. 이 작은 손거울에 산천(山川)을 담기도 한다. 이 기개가 어른의 힘 또는 어른의 시선이 아니라 동화(童畵)를 그리는 아이의 시선에서 발견하기 때문에 '불균형의 균형'이라는 놀라운 발상으로 꽃을 피워 놀라게 한다. 시 「호수 거기」에서 우리는 그런 동화의 시 세상을 만날 수 있다.

언제나 차향으로 다가오는
잔잔한 호수
거기는 면경처럼 내 얼굴을 들여다보는 손거울
주머니에서 꺼내 쓰는 물건 같이
거울 속에는 산천이 담겨있고
하늘도 내 것인 양 펼쳐져
종종 어깨동무하고
더러 평온을 훔치기까지 하는
내 마음 깊은 곳
왜, 없겠는가

>   붉으락푸르락
>   또 붉으락
>   시도 때도 없이 변덕스러워
>   거울을 꺼내 들면
>   잠시 눈 녹듯 하는 바로 거기.
>
>   ―「호수 거기」 전문

 가끔 시인은 화가가 되기도 한다. 글로 그림을 그리는 것이다. 이럴 때 이 시는 오색찬란한 물감으로 그린 그림이 된다. 이처럼 김옥녀 시인의 상상 속에는 붓 한 자루를 여분으로 가지고 다닌다. 언제 어디에서고 그 일상이 시가 되었다가 그림이 되었다가 한 편의 동화(童畵)가 되기 때문이다. 그러하기에 언제든지 시를 짓거나 동화를 그릴 준비가 되어 있다.

>   풍경화인 듯
>   동그란 까치집을 보다가,
>   아침 고운 햇살을 타고
>   노래하는 까치를
>   구름결로 보듬을라치면
>   내 바램은
>   풍만한 향내음으로 일렁인다
>
>   계절은 바뀌어도
>   송진내 물씬나는 마을을 돌아

반짝이는 풀잎의 이슬을
하루 일과로 만져보노라면
서녘의 밤하늘의 별들
그 이름 낱낱이 불러
내가 사는 집
고요로히 도사린 내 버팀목의 둥지여.

—「까치집」 전문

  김옥녀 시인의 시를 감상하다 보면 문득 '등 따습고 배불러/ 정신이 돼지처럼 무디어져 있을 때/ 시의 가시에 찔려/ 정신이 번쩍 나고 싶어 시를 읽는다'라고 한 박완서 소설가의 「시를 읽는다」가 떠오른다. 시는 이처럼 느슨해지거나 무디어지는 우리의 정신을 '가시에 찔린 듯' 눈을 번쩍 뜨게 하는 힘이 있다.
  앞으로도 그렇게 남당 김옥녀 시인은 사람들의 무딘 눈을 번쩍 뜨게 하는 좋은 시들을 우리에게 계속 선물해 줄 것으로 믿는다.

김옥녀 시집_ 수박이 대박을 다 낳았어

초판 인쇄 | 2022년 7월 10일
초판 발행 | 2022년 7월 15일

지 은 이 | 김옥녀
발 행 인 | 이광복
편집국장 | 김밝은

펴낸곳 | 사단법인 한국문인협회 月刊文學 출판부
주소 | 서울시 양천구 목동서로 225 대한민국예술인센터 1017호
전화 | 02-744-8046~7
팩스 | 02-743-5174
이메일 | klwa95@hanmail.net
등록 | 2011년 3월 11일 제2011-000081호
ISBN 978-89-6138-482-7 03810

값 10,000원

잘못 만들어진 책은 바꾸어 드립니다.
이 책은 예술복지재단으로부터 지원금을 받아 제작되었습니다.